1900 - Mars - 12

VENTE des 12 et 13 Mars 1900

HOTEL DES VENTES, 64, RUE VICTOR-HUGO, LE HAVRE

Me E. GUILLEMETTE, Commissaire-Priseur

CATALOGUE D'OBJETS D'ART

ANCIENS & MODERNES

Provenant du Cabinet d'un Amateur Havrais

(Don Luis M...)

Tableaux — Pastels — Dessins
Aquarelles — Gravures — Bronzes — Terres cuites
Meubles — Faïences et Porcelaines
Marbres — Armes — etc., etc.

LE HAVRE

J. GONFREVILLE

Libraire-Expert

7, RUE DE LA BOURSE, 7

1900

Imprimerie du Journal LE HAVRE (L. MURER), 35, rue Fontenelle.

LA VENTE AURA LIEU LES 12 ET 13 MARS 1900

à deux heures précises de l'après-midi

Hôtel des Commissaires-Priseurs, 64, rue Victor-Hugo, Le Havre

Par le ministère de Me E. GUILLEMETTE, commissaire-priseur

Assisté de M. J. GONFREVILLE

EXPOSITION

Le Dimanche 11 Mars, de deux heures à cinq heures
et chaque jour de vente de dix heures à midi

CONDITIONS DE LA VENTE :

La vente se fait au comptant ;

Les acquéreurs paieront 5 0/0 en sus des enchères ;

L'exposition permettant aux acquéreurs de se rendre compte de l'état et de la nature des objets mis en vente, il ne sera admis aucune réclamation une fois l'adjudication prononcée.

M. J. GONFREVILLE

Remplira les Commissions des Personnes qui ne pourraient assister à la vente.

NOTA

Tous les Tableaux, Dessins et Gravures sont encadrés, sauf indication contraire.

VENTE des 12 et 13 Mars 1900

HOTEL DES VENTES, 64, RUE VICTOR-HUGO, LE HAVRE

Me E. GUILLEMETTE, Commissaire-Priseur

CATALOGUE

D'OBJETS D'ART

ANCIENS & MODERNES

Provenant du Cabinet d'un Amateur Havrais

(Don Luis M...)

Tableaux — Pastels — Dessins
Aquarelles — Gravures — Bronzes — Terres cuites
Meubles — Faïences et Porcelaines
Marbres — Armes — etc., etc.

LE HAVRE

J. GONFREVILLE

Libraire-Expert

7, RUE DE LA BOURSE, 7

1900

ORDRE DES VACATIONS

PREMIÈRE VACATION. — Lundi 12 Mars

Tableaux — Gravures — Terres Cuites — Porcelaines
Plats à barbe

DEUXIÈME VACATION. — Mardi 13 Mars

Bronzes — Dessins — Marbres — Objets divers

DE TOUT UN PEU

Bien que des pièces de premier ordre distinguent la collection que nous mettons en vente, il ne peut nous convenir d'essayer d'expliquer les Maîtres qui s'y trouvent représentés. Nous ne ferions que répéter une leçon bien apprise et pauvrement redire, peut-être, ce que les Monographies publiées par des hommes autorisés ont décrit, commenté, disséqué tout au long.

Et cependant nous avons eu le vif plaisir de retrouver leurs noms sous notre plume, de les étiqueter, de refaire connaissance avec des amis que l'on aimerait fréquenter assidûment.

Nous les appréciions de longtemps, ces amis, et plus d'une fois nous les avions admirés avec l'homme de goût affiné qui les avait réunis.

Sans méthode, dira-t-on, sans formule ? En effet, sans formule.

Œuvres d'art ou curiosités, tout était là uniquement pour le plaisir des yeux, pour la satisfaction d'un sens artistique délicat, intelligemment ecclectique, discrètement païen.

La bienveillante maison — vestibule, escalier, chambre, salon, cabinet de toilette même — la maison tout entière était comme « ouatée » de ses objets plaisants, piqués dans les hasards des ventes ou chez les marchands, parfois offerts par des amitiés précieuses.

Ceux que la lecture de ce semblant de préface n'effraiera pas, se figureront aisément, en parcourant le Catalogue, la sensation originale, croissante, à fleur de peau cependant, que l'on éprouvait en passant d'un exquis pastel de *Rosalba* au dessin fantaisiste et volontairement outrancier de *Raffaëlli*. Les impeccables aquarelles de *Detaille*, de *Gavarni* et de *Jean Béraud* coudoyaient l'esquisse moderniste de la Flagellation de *Forain ; Degas* voisinait franchement avec *Saint-Aubin*, *Henri Pille* et *Raffet;* et l'on voyait — mystère des dessous — *Goeneutte et Rops* déshabillant les femmes si coquettement attiffées d'*Eug. Lami*, d'*Arcos* et de *Laffitte*, ce pendant que *Willette,* franchement et sans pudeur, nous conduisait à la Mort du Pante.

Dans les tableaux, la notoriété d'artistes tels que : *Cüyp*, *Boudin*, *Alfred de Dreux*, *James Tissot*, *Van Beers*, *Decamps*, suffit aux amateurs qui, dans un ensemble satisfaisant, savent trouver le préféré.

Je ne dirai qu'un mot des gravures, car, là, il faudrait presque tout citer. Je m'en réfère à l'opinion de l'éminent artiste **Alph. Lamotte** qui tient les *Baudouin*, les *Boilly*, les *Cochin*, les *Debucourt*, les *Cruikshank*, les *Morland*, etc., etc., pour des maîtres, des créateurs qui, non seulement produisaient la formule, mais encore, parfois, la dégageaient des incertitudes du métal. Et nul, mieux qu'Alph. Lamotte, ne sait ce qu'il faut en penser.

Et j'en arrive enfin à ces « Objets divers », aux bibelots proprement dits, dans lesquels une femme qui veut et sait orner son « Home », pourra choisir une assiette, un bronze, un meuble, un délicieux buste de jeune fille, un admirable tapis chinois, ou cette rarissime pièce dans laquelle des mains efféminées, quoique royales, durent troubler une eau qui ne pouvait, hélas ! laver une conscience.

J'aurai tout dit en rappelant l'originalité de cette collection de plats à barbe — Don Luis parlait la langue de Figaro — dans laquelle se trouve un Sèvres — pâte tendre, s'il vous plaît — et un peu de tous les types fabriqués pour les mentons de nos aïeux.

Qu'il me soit permis, en finissant, de remercier de tout mon cœur ceux qui ont permis à mon modeste savoir de s'exercer sur un ensemble aussi curieux, aussi divers. Ils ont droit à ma reconnaissance, mais ils seront bénis par les amateurs, par tous ceux qui ont le culte du beau.

Selon la pensée des Goncourt : *L'heure passée dans la jouissance d'une acquisition convoitée vaudra mieux pour eux que celle qu'ils perdraient dans la froide tombe d'un Musée.*

J. GONFREVILLE.

TABLEAUX

NOTA. — *Tous les tableaux, dessins et gravures sont encadrés, sauf indication contraire.*

ABORN (J.)

1 — Paysage d'Ecosse, moutons et bergère. — Toile (H... 0,50 — L... 0,35).

Signé et daté 1888.

ARCOS (S.)

2 — Buste de jeune femme espagnole coiffée d'une mantille. — Toile (H... 0,60 — L... 0,50).

Signé à gauche en haut avec envoi à son ami Luis Maneyro.

BIDAULT et HORACE VERNET

3 — Gravedona et la pointe de Bellagio, lac de Côme. — Sur les bords du lac, le palais flanqué de 4 tours. Sur la route d'en bas, un taureau échappé, poursuivi par un cavalier, jette l'effroi et le désordre dans un groupe de paysans conduisant un troupeau. — Toile (H... 0,50 — L... 0,77).

Le paysage est peint par Bidault, les figures par Horace Vernet. — Signé à gauche et à droite par les deux peintres et daté 1832.

BOGGS (F.-M.)

4 — Vue d'Harfleur, la grande place. — Toile (H... 0,64 — L... 0,47).

Signé.

BONVIN (F.)

5 — Paysage. — Toile (H... 0,15 — L. 0,25).

Etude signée et datée 1863.

BOUDIN (Eug.)

6 — Environs d'Honfleur. Paysage. — Panneau (H... 0,25 — L... 0, 17).

Signé.

7 — Vaches au pâturage. — Toile (H... 0,32 — L... 0,24).

Signé. — Bon tableau, tonalité blonde. — Acheté dans l'atelier du peintre.

CHAUVEL (Th.)

8 — Crépuscule. Paysage. — Toile (H... 0,55 — L... 0,45).

Signé et daté 1855.

CORTÈS (A.)

9 — Vaches à l'abreuvoir. — Toile (H... 0,49 — L... 0,90).

Signé.

A. CÜYP

10 — Bestiaux et leurs gardiens au bord d'un bras de mer. Bateaux et villages au loin. Déclin du jour. — Panneau (H... 0,67 — L... 0,47).

Signé A. Cüyp. — Bon tableau.

DECAMPS

11 — Paysage italien. — Dans un immense parc, de tout petits personnages se promènent ou sont assis près d'un mur de terrasse. — Toile (H... 0,31 — L... 0,39).

12 — Les tailleurs de pierre. — Toile (H... 0,33 — L... 0,40).

DEFAUX (A.)

13 — Sous bois. — (H... 0,65 — L... 0,55).

Bon tableau. — Signé.

ALFRED DE DREUX (1810-1860)

14 — Cavaliers au trot, — l'un monté sur un cheval gris pommelé, l'autre sur un cheval bai. — Toile (H... 0,24 — L... 0,32).

Signé à gauche du monogramme. — Très joli tableau.

15 — Paysage des environs de Paris. — (H... 0,25 — L... 0,35).

Etude provenant de la collection Becq de Fouquières, dont la femme était sœur du peintre.

DUMOUCHEL (S.)

16 — Petite marine.

Signé.

DUMOULIN

17 — Le rendez-vous. — Un officier de hussards, à cheval, arrêté près d'un mur de jardin, baise la main d'une jeune fille venue furtivement au rendez-vous. — Toile (H... 0,24 — L. 0,18).

Signé.

DURAND-BRAGER (H.)

18 — Marines. 2 pièces faisant pendants. — Panneaux (H... 0,13 — L... 0,24).

Bons petits tableaux.

EECKHOUT (GERBRANDT VAN)

19 — Portrait d'homme, collerette blanche et grand chapeau. — Toile (H... 0,47 — L... 0,37).

Bon portrait, d'après Rambrandt et par son meilleur élève. — Cadre de l'époque, bois sculpté, dans son vieil or.

ÉCOLE FRANÇAISE (XVIIIe SIÈCLE)

20 — Paysage, rivière et animaux.

Panneau, cadre en chêne sculpté et doré.

ÉCOLE FRANÇAISE (XVIIIe Siècle)

21 — Paysage et figures.

Petit tableau rond, sur bois, cadre bois époque Louis XVI.

ÉCOLE FRANÇAISE (XVIIIe Siècle)

22 — Portrait d'homme en costume Louis XVI, en buste et assis devant un bureau. — (H... 0,80 — L... 0,64).

ÉCOLE FLAMANDE (XVIIe Siècle)

23 — Dessus de boîte avec peinture à l'huile. — Tête de vieillard.

ÉCOLE HOLLANDAISE

24 — La lettre. Un vieux et une vieille lisent une lettre. — Panneau (H... 0,23 — L... 0,17).

ÉCOLE ITALIENNE (XVIe Siècle)

25 — La Vierge et les attributs de la Passion. — Cuivre (H... 0,21 — L... 0,16).

Bon tableau. — Cadre ancien bois sculpté dans son vieil or.

ÉCOLE ITALIENNE (XVIe Siècle)

26 — Marie-Madeleine, représentée en buste. — Toile (H... 0,33 — L... 0,24).

Cadre ancien en bois sculpté, redoré.

ÉCOLE ITALIENNE (XVIe Siècle)

27 — Buste de jeune femme, ruban d'or et bijou en diadème dans les cheveux blond vénitien. — Toile (H... 0,48 — L... 0,38).

Bon tableau. — Cadre ancien noir et or.

FERRY

28 — Marines. Bateaux de pêche de l'aurore et du crépuscule. — (H... 0,17 — L... 0,35).

2 panneaux formant pendants signés à droite en bas.

FEYEN-PERRIN

29 — Portrait de fillette, en buste. — (H... 0,44 — L... 0,33).

Etude signée à gauche en bas.

FLEURY (A.)

30 — Marine.

Signé.

FRÈRE (Th.)

31 — Bords du Nil. Coucher du soleil. — Panneau (H... 0,21 — L... 0,35).

Signé à droite, en bas.

JEANNIN (G.)

32 — Bouquet jeté.

Bon petit tableau signé.

LEFEBVRE (E.)

33 — Bouquet de fleurs dans un vase.

Signé.

LE SÉNÉCHAL DE KERDREORET

34 — Marine. — Panneau (H... 0,31 — L... 0,23).

Signé. — Bon petit tableau.

PIETTE (L.)

35 — Fleurs. — Toile (H... 0,80 — L... 0,65).

Signé et daté 1858.

STEVENS (Alfred)

36 — Fleurs des champs. Jeune fille composant un bouquet, Costume d'été, grand chapeau. Fonds sous-bois. — Toile (H... 0,80 — L... 0,60).

Signé à gauche, en haut.

TIRADO

37 — Avant le bain. Jeune femme nue, riche décor mauresque. — Panneau (H... 0,58 — L... 0,27).

Signé à droite, au milieu. — Très bon tableau.

TISSOT (James)

38 — Jeune femme anglaise en costume de ville noir et blanc. — A l'huile sur carton à fonds bois. — (H... 0,35 — L... 0,18).

Signé des initiales à gauche, en bas.— Au dos de cette bonne étude se trouve une autre étude de vieille femme, du même peintre.

VAN BEERS (Jan)

39 — Langueur. Jeune femme nue étendue sur des fourrures ; riches étoffes et ornements divers. — Toile ovale (H... 0,35 — L... 0,68).

Signé et daté 1878, à droite en bas.

WALLERSTEIN

40 — La berge de Gennevilliers.

Bon tableau signé.

41 — Sous ce numéro il sera vendu quelques tableaux anciens ou modernes.

DESSINS, PASTELS, AQUARELLES

NOTA. — *Encadrés, sauf indication contraire.*

ARCOS (S.)

42 — L'appel. — Espagnole debout appuyée contre un mur, près d'une porte, les bras derrière la tête, semble adresser un appel. Costume vert et blanc, fichu rouge, roses dans les cheveux. — (H... 0,52 — L... 0,29).

Grande aquarelle. — Signée.

BELLANGÉ (H.)

43 — Un vieux grognard inculque les principes du maniement d'armes à une recrue. Un *Mayeux* indique, du bout de sa badine, une mauvaise position du jeune soldat.— (H... 0,07 — L... 0,10).

Ravissante aquarelle, signée en bas, à droite.

BÉNARD (MARCEL)

44 — Cinq croquis, mine de plomb, aquarelles, sur une feuille.

Signés.

45 — Trois bons dessins sur une même feuille.

Aquarelle et crayon. — Signés.

BÉRAUD (JEAN)

46 — La femme de chambre accorte. — (H... 0,20 — L... 0,12).

Aquarelle, n° 53 du catalogue de l'Exposition de Bordeaux en 1889. — Signée à droite en bas. — Une note du critique d'art du journal *La Gironde* qualifie cette jolie pièce *d'œuvre de maître.*

BERTHAULT

47 — Portique de ferme.

Aquarelle.

BINET (G.)

48 — Pierrot amoureux. — Déclaration. — Chanson à boire.

Suite complète de sept dessins à la plume. — Signés. — Non encadrés. — On a joint un exemplaire des gravures tirées sur chine.

BOURDIN (F.)

49 — Deux dessins pour calendriers donnés par la maison *A la Place Clichy.*

A la mine de plomb, lavés et gouache. — Signés. — Non encadrés.

COURT

50 — Baigneuses. — Deux grands pastels. — (H... 1,70).

Peuvent être vendus séparément. — L'un dans un cadre noir, l'autre dans un cadre or.

COUVELEY

51 — Lot de douze dessins à la mine de plomb, quelques-uns avec rehauts de crayons de couleur : Marines et paysages.

Non encadrés.

DAUMIER (H.)

52 — Deux chasseurs. — *Ce n'est qu'un grain...* — (H... 0,15 — L... 0,18).

Signé H. D. — Dessin au lavis d'encre de Chine. — Non encadré.

53 — Premiers prix d'un Conservatoire. — (H... 0,20 — L... 0,26).

Dessin au lavis d'encre de Chine. — Signé H. D. — Non encadré.

54 — Que j'vous vendions c'lièvre?... — (H... 0,18 — L... 0,24).

Dessin au lavis d'encre de Chine. -- Signé H. D. — Non encadré.

55 — Une fâcheuse rencontre. — (H... 0,18 — L... 0,25).

Dessin au crayon noir et lavis d'encre de Chine. — Non encadré.

DECAMPS (A.-G.)

56 — Gorge dans les Alpes. Paysage (H... 0,24 — L... 0,32.

Joli dessins aux crayons de couleur. — Signature autographe au dos.

57 — Cavaliers turcs traversant un gué au clair de lune. — (H... 0,31 — L... 0,56).

Fusain rehaussé de blanc.

58 — Deux cavaliers au milieu d'une plaine.

Dessin au crayon noir. — Signé D. C. — Non encadré.

E. DEGAS

59 — Femme à sa toilette, le buste nu. — (H... 0,31 — L... 0,27).

Pastel, signé en haut à droite. — Cadre chêne doré.

DETAILLE (Edouard)

60 — Défilé du régiment de la garde Impériale Russe. — (H... 0,12 — L... 0,08).

Jolie aquarelle, signée et datée 1884, en bas à gauche.

ÉCOLE FRANÇAISE (XVIIe Siècle)

61 — Projet de fontaine monumentale, avec fond richement décoré, portique, colonnes, bas-relief, etc.

Dessin d'ornement, plume et lavis.

ÉCOLE FRANÇAISE (XVIIIe Siècle)

62 — L'atelier du sculpteur Pajou. A gauche, le maitre, assis devant une grande statue, parle à une jeune femme en costume Louis XV. A droite, un jeune élève de Pajou lutine de très vive façon le modèle nu. Draperies, amours, vases, etc. — (H... 0,55 — L... 0,45).

Curieux pastel ovale. — Cadre ancien, bois doré.

ÉCOLE FRANÇAISE (XVIIIe Siècle)

63 — Portrait de femme, costume Louis XVI, fichu Marie-Antoinette, le sein nu.

Petit dessin aquarellé et gouaché, forme médaillon, les fonds à la mine de plomb. — Non encadré. — Portrait présumé de Théroigne de Méricourt.

ÉCOLE FRANÇAISE (XVIIIe Siècle)

64 — Tête de jeune fille.

Dessin à la sanguine. — Non encadré.

FACHOT (L'AINÉ)

65 — Buste de femme en grand costume, perles et croissant dans les cheveux, fichu Marie-Antoinette laissant le sein nu. — Autre buste de femme du peuple, fichu, nœuds et rubans.

Petits dessins à la mine de plomb, médaillons formant pendants. — Signés et datés 1789. — Non encadrés.

FERDINANDUS

66 — Le roi de trèfle.

Dessin à la plume. — Signé des initiales. — Non encadré.

FLANDRIN (H.)

67 — Jésus guérissant une malade. — (H... 0,44 — L... 0,40).

Grand dessin au crayon. — Non encadré.

FLOURY (A.)

68 — Dessin au crayon noir pour un Menu.

Signé. - - Non encadré.

FORAIN (J.-L.)

69 — Le Christ devant la foule. Flagellation moderne. — (H... 0,40 — L... 0,27).

Esquisse à la plume et au lavis. — Envoi signé du maître à son ami Maneyro.

70 — Chanteuse de Café-Concert.

Croquis la mine de plomb. — Envoi signé du dessinateur à son ami Maneyro.

71 — Un bon conseil.

Croquis à la plume et au crayon noir. — Signé.

FRAGONARD (H.)

72 — Portrait d'une jeune femme, debout.

Croquis au crayon noir rehaussé de blanc.

GAVARNI

73 — Un lion (fashionable). — (H... 0,26 — L... 0,16).

Aquarelle. — Signée.

74 — La bonne pipe. — (H... 0,29 — L... 0,19).

Dessin, plume et aquarelle. — Signé.

75 — Grisette.— Homme du peuple.— (H... 0,19 — L... 0,14).

Deux pièces, plume et aquarelle. — Signées.

GOENEUTTE (N.)

76 — Le déshabillé du modèle. Jeune et belle femme nue assise sur un divan et achevant de se déshabiller. Près d'elle sont jetées toutes les parties de son costume. — H... 0,44 — L... 0,37).

Beau pastel. — Signé en haut, à gauche.

HAWKINS (L.-W.)

77 — Tête de jeune femme en deuil. — (H..., 0,46 — L... 0,35).

Superbe dessin aux deux crayons. — Signé à droite, en bas.

HÉDOUIN

78 — Deux dessins au crayon noir. — Paysages.

Signés. — Non encadrés. — Cachet de la vente de Hédouin.

JULIANA (J.)

79 — Devant le portique. Un galant attend deux jeunes filles italiennes qui sortent de l'église, et sourit en les voyant venir. — (H... 0,41 — L... 0,30).

Aquarelle signée et datée de Rome.

LAFFITTE (Gérard)

80 — A la promenade. — (H... 0,24 — L... 0,15).

Aquarelle. — Signée.

LAHURE (E.)

81 — Vue de Triquerville (arrondissement d'Yvetot).

Aquarelle signée.

LAMI (EUGÈNE)

82 — La comédie de salon. Une jeune femme en grand paniers Louis XV fait son entrée dans un salon richement décoré où sont réunis cinq personnages en costumes Louis-Philippe. — (H... 0,17 — L... 0,25).

Signé à droite en bas. — Ravissante aquarelle, une des meilleures du maître.

LANCRET

83 — Jeune femme assise et tournant la tête. Costume Louis XV. — (H... 0,20 — L... 0,13).

Mignon dessin à la sanguine.

LHULLIER (CHARLES)

84 — Rabatteurs de gibier.

Grande aquarelle signée et datée (avec une autre petite en dessous).

LHULLIER (CH.)

85 — Environ trois cent cinquante dessins (sur soixante-douze feuilles).

Aquarelles, mine de plomb, crayons de couleurs, etc. — Non encadrés. — A détailler.

MOITTE

86 — Quatorze jolis petits sujets dessinés à la plume sur une seule feuille (H... 0,29 — L... 0,22).

Non encadrée.

PILLE (HENRI)

87 — Le cabaret de la Fleur de Lys. — (H... 0,63 — L... 0,47).

Superbe et très important dessin à la plume. — Signé à gauche en bas. — Une des plus belles œuvres du maître. A été reproduite dans la *Revue illustrée*.

POUSSIN (V.)

88 — Dessin à la plume, lavé, représentant un paysage avec grand château. — (H... 0,26 — L... 0,39).

Non encadré.

RAFFAËLLI (J.)

89 — Le quadrille naturaliste. — (H... 0,46 — L... 0,72).

Signé à gauche en bas. — Très important dessin à la plume et rehauts d'encre de Chine, fait sur deux feuilles ajustées de papier à grain spécial. — A été reproduit en couleurs dans le *Paris illustré*. — Une lettre du peintre accompagne et explique ce dessin.

RAFFET (D.-A.-M.)

90 — Entrée de Bonaparte à Rome, à la tête de son état-major, la foule l'acclame. — (H... 0,18 — L... 0,12).

Signé à gauche en bas. — Ravissant petit dessin à la plume, lavé d'encre de Chine.

RENÉ (ALBERT)

91 — Dessin à la plume pour le *Casino Marie-Christine*.

Signé. — Non encadré.

ROPS (FÉLICIEN)

92 — Femme à sa toilette. — (H... 0,15 — L... 0,07).

Dessin à la plume et au crayon rouge, signé des initiales.

Sur la même feuille, eau forte, Jeune femme en costume de la Révolution.

Epreuve avant toute lettre avec envoi de Félicien Rops à sa grand'tante, signée des initiales.

ROSALBA (CARRIERA ROSA ALBA)

93 — Gracieux buste de jeune fille (moitié nature), le bras droit, la main et le sein nus. Costume drapé, soies et gaze légère, rose et ruban bleu dans les cheveux. — (H... 0,65 — L... 0,52).

Superbe pastel.— Cadre ovale ancien, bois sculpté, dans son vieil or.

SAFFREY (H.-A), (né à Montivilliers)

94 — La Seine à Paris.

Grande aquarelle signée.

SAINT-AUBIN

95 — La comédie italienne. Place publique sur laquelle est édifié un théâtre, au premier étage apparaissent

Arlequin, Colombine, Pierrot. Devant le théâtre, grande foule en costumes Louis XVI. — (H... 0,33 — L... 0,27).

Très joli dessin lavé d'aquarelle. — Croquis au crayon dans le haut, à droite. — Daté 1782. — Cadre Louis XVI.

SAINT-LANNE (Georges)

96 — Buste de jeune femme coiffée d'un grand chapeau noir. — (H... 0,60 — L... 0,43).

Pastel. — Signé à gauche, en bas.

SANDRINO

97 — Le port de Boulogne. — (H... 0,16 — L... 0,12).

Aquarelle.

THORELLI

98 — Lot de 14 dessins à la mine de plomb et au lavis, exécutés pour des vitraux religieux.

Signés. — Non encadrés.

TIRADO

99 — La prise de tabac. Un homme en riche costume, chapeau espagnol sous le bras, dans un salon orné. — (H... 0,47 — L... 0,22).

Aquarelle signée et datée 1878, à droite en haut.

VIEILLARD (M)

100 — Le dernier coup de herse. — (H... 0,43 — L... 0,38).

101 — Le loup et le chaperon rouge. — (H... 0,29 — L... 0,36).

Très jolis dessins aux crayons de couleur.

WILLETTE

102 — La mort du Pante. — (H... 0,28 — L... 0,18).

Joli dessin à la plume. — Signé à droite en bas.

103 — Lot de 15 jolies aquarelles modernes. — *Paysages* (vers 1860).

Non encadrées.

GRAVURES

Encadrées, sauf indication contraire.

BAUDOUIN (d'après P.-A.)

104 — Le couché de la mariée, gravé à l'eau-forte par J. M. Moreau le jeune et terminé au burin par J. B. Simonet.

Très belle épreuve avec l'adresse : *à Paris, chez J. M. Moreau le jeune.* — Grande marge.

105 — L'épouse indiscrète, par N. de Launay, 1771.

Marge.

106 — La toilette, par N. Ponce, 1771.

Belle épreuve. — Grande marge.

107 — Le carquois épuisé.

Cadre ancien, bois sculpté, avec haut fronton.

108 — Le modèle honnête, gravé par J. M. Moreau le jeune, et terminé par J. B. Simonet.

Bonne épreuve. Marge.

BOILLY (d'après L.-L.)

109 — On la tire aujourd'hui, par Tresca.

Superbe épreuve, imprimée en couleurs, très fraîche, grandes marges, état parfait, cadre or.

BOISSIEU (DE)

110 — Têtes et personnages. Lot de 11 pièces in-folio, dessinées et gravées à l'eau-forte par de Boissieu. (1815).

A toutes marges. — Non encadrées.

CHEREAU (à Paris, chez)

111 — Le matin, — le midi, — le soir, — la nuit. — Suite complète de quatre pièces encadrées sous un seul verre.

Epreuves avant les deux vers qui doivent se trouver au bas de chaque pièce.

COCHIN (C.-N.)

112 — Le tailleur pour femme. — C.-N. Cochin, inv. et sculp., 1737.

Très belle épreuve, marge. — Non encadrée.

COCHIN (d'après N.)

113 — La soirée, par C.-L. Galimard.

Belle épreuve. — Non encadrée.

114 — Le port et la Ville du Havre, vus du pied de la Tour de François Ier, par J.-Ph. Le Bas.

Petite marge.

CRUIKSHANK

115 — Promenades pittoresques à Londres dans les différentes classes de la Société. — Suite complète de 24 planches in-4°, gravées et coloriées, encadrées en 8 cadres chêne.

Très belles épreuves de premier tirage et premier coloris, état parfait, grande marge sous le passe-partout.

116 — Doing a bit of city.

Grande lithographie obl., coloriée, premier tirage, premier coloris.

DEBUCOURT (P.-L.)

117 — Le Menuet de la mariée, 1785. — La noce au château. Deux pièces.

Superbes épreuves imprimées en couleurs. — Glomisage, passe-partout, cadres or.

DE TROY (d'après)

118 — Les apprêts du bal, par J. Beauvarlet.

Belle épreuve, marge.

FORAIN (J.-L.)

119 — L'addition. Au restaurant.

Epreuve unique sur chine, signature autographe de Forain.

120 — Le chocolat du planteur.

Epreuve unique sur chine.

GAINSBOROUGH (d'après Tho)

121 — His royal highness George Prince of Wales, engraved by J. R. Smith.

Grande et superbe épreuve à la manière noire. — Le prince est représenté debout appuyé sur son cheval.

GARNEREY

122 — Michel Lepelletier, gravé par M. Alix. In-folio.

Très belle épreuve imprimée en couleur. — Toute marge. — Non encadrée.

GEILLE

123 — La Fayette. Portrait dessiné et gravé par Geille. *Imprimé par Chardon aîné.* In-folio, en médaillon.

Toutes marges. — Non encadré.

HUET (J.-B.)

124 — Pygmalion amoureux de sa statue. — Diane et Endimion, deux pièces, par Jubier.

Jolies épreuves imprimées en couleurs, fraîches et à grande marge.

LAMBERT (d'après)

125 — Changement de lait de Paul et Virginie, — ... Dans la forêt, — ... Retrouvés, — ... Dernier entretien, — ... Embarquement de Virginie, — ... Mort de Virginie. Six pièces, par Aug. Legrand. (*A Paris, chez Basset*).

Suite complète. — Belles épreuves en couleur, grandes marges. — Cadres pitchpin.

LAMI (Eug.)

126 — Londres. La grande rue à cinq heures du soir.

Lithographie coloriée publiée en 1829 par Villain. — Belle épreuve, premier coloris.

LAVREINCE (d'après N.)

127 — Le roman dangereux, gravé en 1781 par Helman.

Très belle épreuve.

MAURIN (N.)

128 — La vie d'un joueur. Suite complète de six lithographies coloriées. In-folio.

Toute marge. — Très jolies pièces en couleurs. — Petite déchirure dans la marge d'une planche. — Non encadrées.

MOREAU LE JEUNE (J.-M.)

129 — Revue passée par Louis XV dans la plaine des Sablons.

Epreuve ayant un peu souffert. — Cadre noir et or.

MORLAND (G.)

130 — Suite de cinq pièces sur la chasse... au lièvre. — Au canard. — A la bécasse. — A la perdrix. — Au faisan.

Très belles épreuves imprimées en couleur. — Suite rare. — Cadre or.

131 — A tea Garden, by F. D. Soiron.

Epreuve en couleurs. — Grande marge.

NAPOLÉON Ier

132 — Vero immagine del Conquistatore. — Petite caricature coloriée. La figure formée d'une quantité de corps de femmes nues, et le chapeau de l'aigle éployé, etc.

Caricature italienne de l'année 1813. — Une note à l'encre, en haut de la gravure, dit : Pris à Florence dans ce mois d'avril 1814. — Petit cadre Empire.

OUDON (d'après)

133 — Buonaparte, engraved by H. S. Good, 1799.

Grande et belle épreuve à la manière noire, marge. — Pièce rare.

PARROCEL

134 — Halte des gardes françaises, gravé par J. P. Le Bas.

Belle épreuve, grande marge. — Non encadrée.

PORTRAITS

135 — Lot de douze beaux portraits, *Généraux du premier Empire*, dessinés d'après nature, par J. Guérin et gravés par Cardon, Fresinger, Herhan, Roger. — *A Paris, chez Renouard, etc. In-folio, médaillons.* — Andréossy, Bernadotte, Desaix, Ferino (deux exemplaires), Gouvion Saint-Cyr, Lecourbe, Le Fèvre, Masséna, Moreau, Regnier, Sainte-Suzanne.

Toutes marges. — Non encadrés.

PORTRAITS ANGLAIS

136 — Gualterus Mildmay, gravé par J. Faber, 1714. — Richardus Fox, gravé par H. Parker.

Marge. — Jolies épreuves à la manière noire, la première avec très petite marge. — Non encadrées.

RAFFET

137 — Expédition de Rome, 1849. — *Paris, chez Gihaut.* — Suite de six lithographies tirées sur chine (1 à 6, dont le titre-frontispice). — *In-folio.*

Toutes marge. — Non encadrées.

REMBRANDT

138 — La mise en croix.

Petite eau-forte.

REMBRANDT (d'après)

139 — W. Tenbogardus, par J. Grolius. — Eaux-fortes, deux pièces, l'une en premier état et l'autre en troisième état.

Proviennent de la vente Ary Scheffer. — Non encadrées.

RUSSELL (d'après J.)

140 — The dog's first sight of himself, engraved by N. Schiavonetti, terminé par Bonnefoy, 1798.

Bonne épreuve gravée au pointillé et imprimée en couleur, marges.

SLODTZ (d'après M.-A.)

141 — Bal du May, donné à Versailles pendant le carnaval de l'année 1763, par N. Martinet.

Très belle épreuve, coloris de l'époque, marge.

SMITH (d'après J.-R.)

142 — The moralist, 1787, by N.-W. Nutter.

Très bonne épreuve en couleurs, à toute marge, très fraîche, état parfait.

TERBURCH (GERAERT)

143 — Icon exactissima, qua ad vivum exprimitur solennis conventus legatorum, etc... *(Signature de la paix de Westphalie)...* anno 1648. *Gravé par Jonas Suyderhoef.* In-folio en largeur.

Petites marges. — Non encadré.

SHAYER (d'après W.-J.)

144 — Gone away, — Full cry, — engraved by J. Harris.

Deux pièces coloriées, à toute marge.

WATTEAU (d'après A.)

145 — L'embarquement pour Cythère, gravé à l'eau-forte par E. Champollion.

Grande et superbe épreuve d'état tirée sur Japon, avant la lettre et avec un envoi signé du graveur à J. Guérin. — Toute marge.

WESTALL (d'après R.)

146 — L'orage. — Le nid, par C. Knight.

Deux pièces au pointillé et imprimées en couleur.

146 bis. Les moissonneurs effrayés par l'orage, par Thouvenin.

Bonne épreuve au pointillé.

147 — Sous ce numéro il sera vendu une quantité de gravures en lots, anciennes ou modernes, encadrées ou non encadrées.

BUSTES EN MARBRE

148 — Grand buste marbre blanc, Renaissance italienne, représentant une jeune femme, la poitrine demi-nue. — (H... 0,60 — L... à la base 0,54).

Très belle pièce de la meilleure période Renaissance.

149 — L'Innocence. Très joli buste en marbre blanc, époque Louis XV, représentant la tête et le commencement de la gorge d'une jeune fille, avec ruban dans les cheveux. — (H... 0,45 — plus socle marbre 0,14).

Ravissant petit buste.

150 — Louis XVI, à l'âge de 20 ans (première année de son règne), dans un très joli costume. — Grand et superbe buste en marbre blanc. — (H... 0,67 — L... 0,50).

BRONZES

151 — Bronze ancien. — Singe assis, une noix de coco dans les pattes. — (H... 0,18).

Très beau bronze japonais, belle patine. — Pièce curieuse.

152 — **Defernex.** — La Source. — (H... 0,30. — L... 0,39).

Socle peluche.

153 — **Détrier.** — L'amateur. — (H... 0,45).

Belle statuette.

154 — **P. d'Epinay.** — Ceinture dorée. — (H... 0.48).

Gracieuse statuette.

155 — **E. Fremiet.** — L'ours, frappé à mort, enserre et écrase un lutteur. — (H... 0,31).

Beau groupe, belle patine. — Bronze de Susse frères. — Socle peluche.

156 — **Rancoulet.** — Danseurs. — Deux jolies statuettes formant pendants. — (H... 0,55).

Peuvent être vendues séparément.

157 — **Salmson.** — Cavalier indien. — (H... 0,42. — Base 0,35).

Beau groupe.

158 — **Van der Straelen.** — Arlequine. — Bronze teinté.

159 — **Style Louis XVI.** — Le Printemps. — Buste. — (H... 0,42).

160 — Une paire de grandes potiches à panse, bronze japonais.

TERRES CUITES

161 — **Allegrain.** Baigneuse. — Statuette terre-cuite. — (H... 0,75).

Très jolie pièce.

162 — **Falconnet.** Baigneuse. — Statuette terre-cuite. — (H... 0,75).

163 — **Graillon.** L'Enfant qui pleure. — Petite terre-cuite.

164 — Petit buste d'homme à Perruque. — Terre-cuite.

OBJETS DIVERS

165 — Grand tapis chinois, très ancien, magnifiquement brodé or et soies multicolores, le fond composé de douze médaillons or représentant un Dragon à cinq pattes; encadrement à ondulations. (Long. 2,60 — Larg. 1,65).

Très belle pièce provenant du pillage du Palais d'Eté et rapportée en France par le général Cousin de Montauban. (Vente La Bédoyère).

166 — Ecuelle argent, époque Louis XV, avec son plateau, décor à filets et ornements en relief, couvercle avec bouquet de fruits. Ciselure très fine. Poids : 1,950 gr.

Belle pièce.

167 — Crédence Renaissance, chêne sculpté, le corps supérieur à deux portes supporté par des cariatides, fronton avec armoiries.

Bonne pièce.

168 — Commode Régence, à trois tiroirs, bois de rose et de violette, cuivres ciselés : Entrées, poignées, chûtes, sabots, etc.

169 — Console Louis XV, chêne sculpté, beau marbre.

170 — Petite console Louis XVI, demi-lune, bois sculpté, dorure ancienne, marbre gris.

171 — Fauteuil bois sculpté, recouvert de tapisserie au point, époque Louis XV.

172 — Tabouret noyé tourné, recouvert de tapisserie au point, époque Louis XIII.

173 — Glace-trumeau, haute (1,80 × 0,65), bois sculpté et doré, époque Louis XVI.

174 — Croix en buis, — La Trinité —, très finement sculptée. XVIIe siècle.

175 — Panneau-fronton en chêne sculpté, — Gloires célestes, — époque Louis XIV.

176 — Porte-montre en bois noir, garni de bronzes anciens Louis XV.

177 — Console à tiroir en poirier sculpté noirci, style Louis XVI.

178 — Bon Mobilier de cabinet, style Louis XVI, acajou, filets de cuivre, galeries, glaces à biseau. Bibliothèque basse à colonnettes et à trois portes, petite vitrine, bureau cylindre.

179 — Une paire chandeliers cuivre ciselé, époque Louis XVI.

180 — Une paire flambeaux cuivre, époque Louis XIV.

181 — Grande et belle pendule style Louis XVI (groupe Léda), bronze doré et argenté. — (H... 0,52 — L. 0,48).

182 — Garniture de cheminée, pendule et candélabres, bronze ciselé et émaux.

183 — Une pendule Empire, Borne et Amour, — à Cythère, — bronze ciselé et doré, socle marbre vert d'Egypte.

184 — Une boîte douze couteaux à dessert, manches nacre et vermeil, ciselés, lames vermeil, dans leur boîte en citronnier.

185 — Un écritoire écaille rouge et incrustations cuivre, monture bronzes ciselés et dorés, genre Boule.

186 — Boîte de deux pistolets de combat avec tous leurs accessoires (Gastine-Renette), n'ont jamais servi.

187 — Armes anciennes et modernes : sabre de marine Empire, — sabres turcs recourbés, pommeaux, quillons et fourreaux en argent doré, enrichis de turquoises et de grenats — pistolets, tromblons, couteaux de chasse, etc.

188 — Sous ce numéro, il sera vendu quelques objets de curiosité, anciens et modernes.

PORCELAINES & FAÏENCES

189 — Bassin octogone et son aiguière à couvercle, en porcelaine de la Compagnie des Indes, riche décor avec armoiries royales (fond azur) surmontées de la couronne fermée et entourées des colliers de Saint-Michel et du Saint-Esprit, L double surmonté de la couronne, répété sur les deux pièces. Provient du service de Louis XV.

190 — Six assiettes Compagnie des Indes, décor sur fond blanc en relief, au fond grandes armoiries à émaux de couleurs.

191 — Deux assiettes Compagnie des Indes, décor de fleurs (différentes).

192 — Onze assiettes Compagnie des Indes, décor de fleurs (toutes semblables).

193 — Trois assiettes creuses, Chine, décor or et fleurs.

194 — Deux assiettes Ludwigsbourg, bouquets de fleurs.

195 — Un Compotier Niedervillers, décor fleurs, marque de Custine.

196 — Un Compotier Vienne, rubans en entrelacs, bouquets au fond.

197 — Une assiette vieux Saxe, décor fleurs et papillons.

198 — Petit groupe de deux personnages, Pastorale, vieux Saxe blanc.

199 — Une paire petits vases Empire, porcelaine grenat et or, couronne de roses blanches, signés Halley.

200 — Enfant sonnant de la trompe. Figurine en porcelaine de Sèvres, bleu et or (moderne).

201 — Jardinière, faïence polychrome de Strasbourg, décor chinois.

202 — Trois assiettes Strasbourg, décor de fleurs (Hannong).

203 — Une paire petits vases à six pans, Delft bleu (aux trois cloches) décor à relief.

204 — Une paire grosses potiches Delft bleu, décor chinois.

205 — Une paire bouteilles Delft bleu, décor chinois.

206 — Deux assiettes fabrique de Rubelles, émail à reflets.

207 — Un compotier et deux assiettes Moustiers polychrome (décors différents).

208 — Petite jardinière faïence de Rouen, décor bleu et rouge.

209 — Légumier Rouen à la corne (sans couvercle).

210 — Cornet à huit pans, faïence de Rouen, décor bleu à lambrequins.

211 — Écritoire faïence de Rouen, décor chinois bleu.

212 — Soupière faïence de Rouen, décor aux quatre couleurs, couvercle à serpent.

213 — Bannette à huit pans, faïence de Rouen, décor bleu et rouille.

214 — Fontaine vieux Rouen, décor aux quatre couleurs.

215 — Grand plat rond terre émaillée, ornements en relief, genre Palissy.

PLATS A BARBE

216 — Belle collection de plats à barbe comprenant 79 pièces en porcelaine et en faïence, et 5 pièces en métal. — Sèvres, Chine, Rouen, Moustiers, Nevers, Japon, Strasbourg, Compagnie des Indes, Delft, Bordeaux, cuivre, étain, etc., etc. Savoir :

I. — Un plat Sèvres pâte tendre, bouquets jetés, feston or et bleu, décor de Sioux aîné, pièce à usage royal.

II. — Un plat Moustiers, ocre, décor grotesques, marqué E. F.

III. — Un plat Moustiers, bleu, décor de Bérain.

IV. — Un plat vieux chine, décor au vase, famille rose.

V. — Un plat Rouen, fleurs et papillons.

VI. — Un plat Rouen, à la double corne.

VII. — Un plat Saint-Clément.

VIII. — Un plat Talavera de la Reyna.

IX. — Un plat avec décor chaise à porteur, 1788, au fond la Bastille.

X. — Un plat Rouen, au lambrequin.

XI. — Un plat cuivre gravé en creux, armoiries, époque Louis XIV.

XII. — Un plat cuivre gravé en creux, armoiries, époque Louis XV.

XIII. — Un plat métal plaqué, bords contournés, filets, époque Louis XV, armoiries.

XIV. — Un plat étain, bords contournés, coquille, filets, époque Louis XIV.

Etc., etc.

Nota. — *Collection à diviser s'il ne se trouve pas d'acquéreur pour la totalité.*

BULLETIN DE COMMISSION

M(1) ....

(2) ....

....

....

prie M. **J. GONFREVILLE,** *Expert, de lui acheter aux enchères, au mieux et jusqu'à concurrence des prix indiqués, les objets ci-dessous de la vente Don Luis M....*

Nos des Objets	**DESCRIPTION** *(Quelques mots suffisent)*	**PRIX** à ne pas dépasser frais non compris

(1) Nom.
(2) Adresse (bien lisible).

Ce bulletin doit être affranchi comme LETTRE.

Nos des Objets	**DÉSCRIPTION** *(Quelques mots suffisent)*	**PRIX** à ne pas dépasser frais non compris

www.ingramcontent.com/pod-product-compliance
Ingram Content Group UK Ltd.
Pitfield, Milton Keynes, MK11 3LW, UK
UKHW020509180726
13839UKWH00004B/1990